Dieses Malbuch gehört:

Hier kannst du deine Farben testen!

Den Link zu den kostenlosen Malvorlagen

findest du auf der letzten Seite!

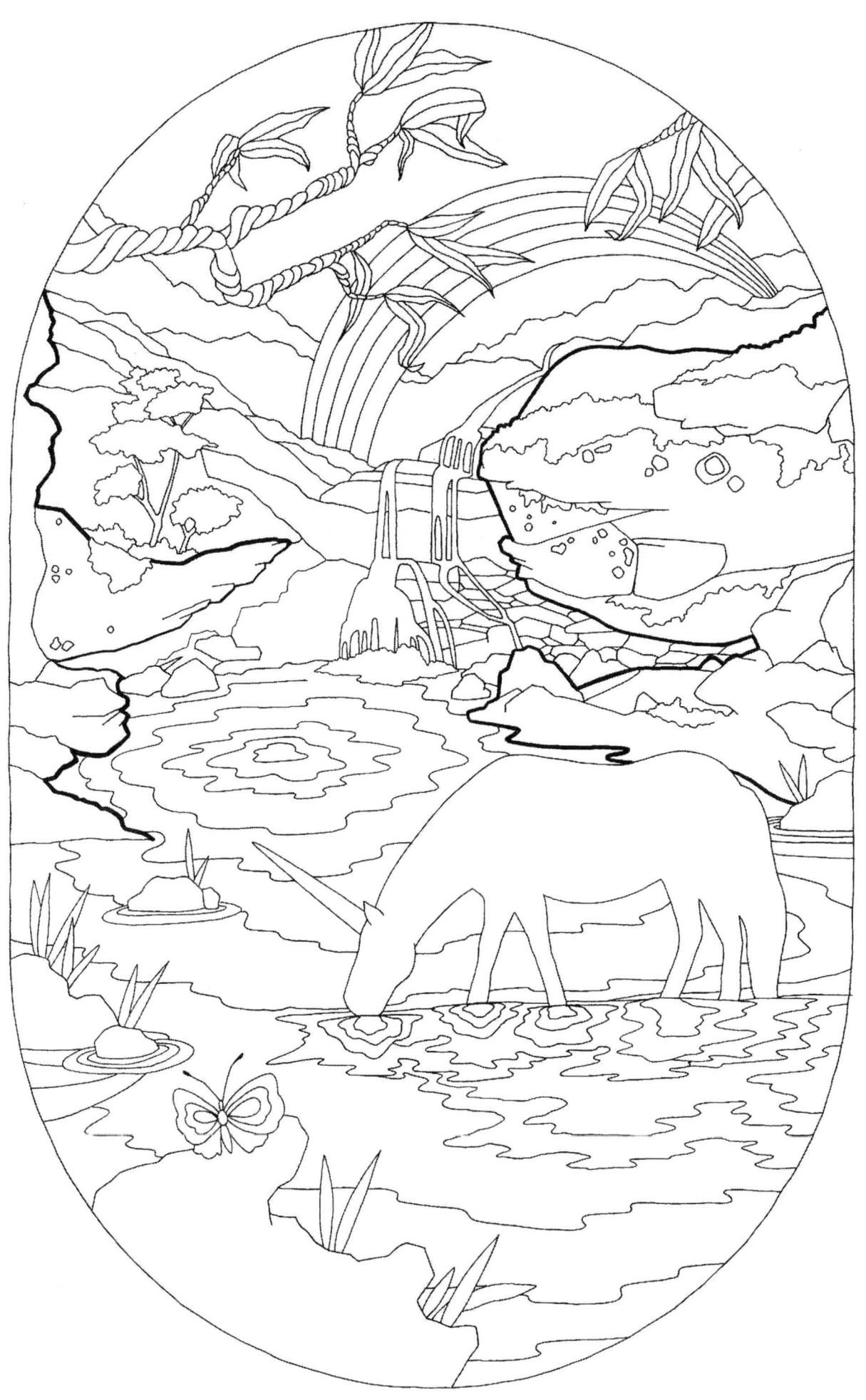

★★★★★

Wenn dir unser Malbuch gefallen hat, würden wir

uns sehr über eine Bewertung freuen!

Bonus nicht vergessen!

Vielen Dank für dein Interesse an unserem Malbuch! Wir haben über 60 kostenlose Malvorlagen für dich. Diese findest du auf unseren Webseiten:

http://topo-malbuecher.de
&
http://malbuch-fuer-erwachsene.org

Für Fragen und Anregungen:
info@topo-malbuecher.de

© 2018 Alexander Topolewski

Verlag: tredition GmbH, Hamburg

ISBN: 978-3-7469-6970-1

Bibliografische Informationen der Deutschen Nationalbibliothek: Die Deutsche Nationalbibliothek verzeichnet diese Publikation in der Deutschen Nationalbibliografie; detaillierte bibliografische Daten sind im Internet über http://dnb.d-nb.de abrufbar.

Zeitfracht Medien GmbH
Ferdinand-Jühlke-Straße 7
99095 Erfurt, Deutschland
produktsicherheit@kolibri360.de